당신의 빈자리

당신의 빈자리

ⓒ 이남복, 2025

초판 1쇄 발행 2025년 5월 5일

지은이	이남복
펴낸이	이기봉
편집	좋은땅 편집팀
펴낸곳	도서출판 좋은땅
주소	서울특별시 마포구 양화로12길 26 지월드빌딩 (서교동 395-7)
전화	02)374-8616~7
팩스	02)374-8614
이메일	gworldbook@naver.com
홈페이지	www.g-world.co.kr

ISBN 979-11-388-4248-8 (03810)

- 가격은 뒤표지에 있습니다.
- 이 책은 저작권법에 의하여 보호를 받는 저작물이므로 무단 전재와 복제를 금합니다.
- 파본은 구입하신 서점에서 교환해 드립니다.

당신의 빈자리

이남복 지음

좋은땅

| 머리글 |

안녕하세요, 저의 이름은 이 남 복입니다.
두 번째 시집을 내겠다고 생각하면서 많은 고민을 했습니다.
지난 9년을 함께 살아왔던 사람과의 갑작스런 이별은
저의 모든 일상을 온통 가슴앓이로 밤마다 혼자 남겨진 방 안에서
눈물의 나날을 보내게 하는 일이었습니다.
아파서 떠난 그 사람은 돌아오지 않았습니다.
연락처도 바꿨는지 아무런 소식도 모른 채 저는 매일 술로 살아야 했고, 밤마다 밤을 지새우며 눈물로 시를 쓰면서 그 사람이 돌아와 주기를 간절히 바라며 기다리고 또 기다려야 했습니다.
그렇게 써서 모아 놓은 시를 세상 밖으로 내보냅니다.
중학교 졸업밖에 못한 제가 머리를 싸매고 쓰게 된 저의 시어들을 부디 예쁘게 읽어 보시고 공감해 주시면 감사하겠습니다.
공장에서 일하고, 퇴근하여 시를 쓰다 보니 많은 공부를 못해서 졸필이지만 시를 쓰며 죽고 싶은 마음도 짓누를 수 있었기에 시를 쓸 때면 매 순간이 행복했습니다.
이번이 두 번째로 출판하게 되는 시집인데 많이들 읽어 주시면 감사하겠습니다.

아무쪼록 모든 사람들이 건강하고 행복했으면 좋겠습니다.

감사합니다.

저자 이 남 복 올림

2025년 3월 25일 봄이 오는 길목에서

목차

제 1부 **언제 오려나**

다시 오려고	… 14
당신이 구급차에 실려	… 16
당신이 곁에 있었으면	… 18
퇴원하면	… 20
자전거를 타면	… 22
잠을 깬 새벽에	… 24
언제 오려나	… 26
자꾸만 눈물이 나네요	… 28
쌀을 사 오던 날	… 30
금방이라도	… 32
중고 노트북을 사던 날	… 34
혹여라도	… 36
당신이 곁에 없지만	… 38
밤은 또다시 찾아오고	… 40
불면증	… 42
오늘 밤도	… 44
소주 두 병을 비웠음에도	… 46

출퇴근이 멀었어도	⋯ 48
집에 나를 가두고	⋯ 51
당신과의 이별은 갑작스러웠지만	⋯ 53
적막한 나날	⋯ 55
일산 호수공원에 가 볼까	⋯ 57
오늘이 말복이라는데	⋯ 59
늦은 밤에	⋯ 60
밤 9시가 넘은 시간	⋯ 62
당신도 없는데	⋯ 64

제 2부 울지 않으려고 하는데

누굴 탓하리오	⋯ 68
장대비가 내리는 아침	⋯ 70
집 밖을 나서면	⋯ 72
기다림	⋯ 74
자는 거도 힘든 요즘	⋯ 76

벌써 저녁밥 먹을 시간인가	… 78
한 주가 시작된 거 같은데	… 80
언제까지	… 81
울지 않으려고 하는데	… 83
아직도 캄캄한 밤	… 85
빨리 8월이 가고	… 87
일하면 안 되는 몸인데	… 89
나의 수리 기간 1년	… 91
많이 외로울 것 같네요	… 93
잠에서 깨어나 보면	… 95
당신을 잊어야만 되는 건가요?	… 97
잊고 살아가다 보면	… 98
하늘은 높아만 가고	… 100
혼자라는 걸	… 102
지난날을 덮고	… 104
가슴은 아프지만	… 106
그만 슬퍼하고 싶나니	… 107
잠을 많이 잔 아침	… 109
백로도 지났는데	… 110
정신 차려야 되겠지요	… 112
죽지도 못하겠으면 살아야지요	… 114

제3부 그냥 좋은 생각만 하자

평온한 아침	⋯ 118
둥글게 살려는 노력을 해 보자	⋯ 120
추석이 지나고 나서야	⋯ 122
퇴근해서	⋯ 124
당신이 떠난 후	126
당신을 지켜 주지 못해서	⋯ 128
당신이 곁에 없는 채로	⋯ 130
가을의 문턱에서	⋯ 131
멈추자	⋯ 133
나 당신 없이도	⋯ 135
시간에 맡기고	⋯ 137
괜찮아요	⋯ 139
그냥 좋은 생각만 하자	⋯ 141
간밤에 비가 내렸나 봐요	⋯ 143
달라지고 싶나니	⋯ 145
더는 기다리지 않을 테요	⋯ 147
혼자에 익숙해져 살다가 보면	⋯ 149
나를 먼저	⋯ 151
현실이다	⋯ 153
겨울을 재촉하는 비	⋯ 155

제4부 겨울이 가고 있는 길 위에서

반드시 올 겁니다	… 158
다시	… 159
이별은 누구에게나 닥치나니	… 161
용두사미	… 163
내일을 위해서는	… 165
겨울이 오고	… 166
상처를 그만	… 167
파도를 넘는 삶일지라도	… 168
심장 더욱 뜨겁게	… 170
몹시도 추운 겨울을 보내고	… 171
세상은 누구나 힘든 곳	… 173
새로운 사랑을 찾을 테다	… 175
불협화음의 무대	… 177
도시를 덮고 있구나	… 178
방황의 손을 뿌리치고	… 180
꽃샘추위의 3월	… 182
겨울이 가고 있는 길 위에서	… 184
가슴 아픈 사랑은 그만	… 186
진짜 자유에 대해	… 188
막바지 이 추위를 견디면	… 190

만났습니다	⋯ 192
인생 미로	⋯ 193
사람 속에 나	⋯ 195
바람난 봄	⋯ 197
새벽 아침에	⋯ 199
아침 일곱 시	⋯ 201
그리운 아버지	⋯ 203

제1부

언제 오려나

다시 오려고

다시 오려고 옷 수선집에
여름철 옷 보따리를 맡기려는 걸
택시 뒤 트렁크에 싣고
당신을 택시 태워 남동생 사는
일산으로 보내던 날, 나는 펑펑 울었습니다

당신과 마지막 통화인지도 모른 채
당신 전화를 따뜻하게 받아 주지 못하고
일하는 시간이라고 투덜대고 말았으니
너무 가슴이 아픕니다

나는 당신이
병원 치료받는 게 급선무라 싶어
돈도 없고 어쩔 수 없이 동생한테 보낸 것을
당신 동생은 나한테 모진 욕설을 퍼부으며
다시는 연락 말라고
연락하면 깡패 동생들 풀어
죽여 버리겠다고 으름장인지
협박인지를 하더군요

남이 아닌
이별 아닌 이별이 돼 버린 지금
가난한 게 죄인 것을, 누굴 원망하겠소만

당신의 빈자리가 이토록 컸었나 싶은 게
다시 돌아오길 몇 번이고 반복하며
내가 정신 차리고 가정을 지켰으면 해서
다시 나랑 합치려고, 부단히도 노력했을 당신에게
잘못했다고 용서를 빌고 싶어도 차단벽에 가로막혀
그럴 수도 없으니, 정말 내가 한심해서
숨 쉬는 것조차 답답한 나날입니다

당신이 구급차에 실려

당신이 구급차에 실려
병원으로 후송된 것은 알고 있는데
그 후로는 소식이 끊겨서
당신의 건강상태가 어찌 된 건지
아무것도 알 수가 없으니

많이 걱정되고
많이 답답합니다
당신에게 면회도 갈 수 없고
당신이 전화도 안 하고 있는 데는
아직도 병원에 있거나
당신 동생이 연락을 못 하게
중간에 가로막혀 있는 벽 때문일 건데

눈만 뜨면 날 찾는 당신이고
내가 일할 때도
전화를 자주 해서
나한테 참 핀잔도 많이 들었던 당신인데
얼마나 힘들까요?

나보다 더 힘든 시간을 보내고 있을 텐데
나는 정작 아무것도 할 수가 없으니

당신의 건강상태가 어떤지
그것만이라도 알 수가 있으면
내가 이렇게까지 괴롭지는 않겠건만
나 당신이 곁에 있어서
너무 편하게만 살았던 거 같아
당신의 빈자리가 이렇게까지
내 삶을 흔들고 있는지는 미처 몰랐어요

당신이 곁에 있었으면

당신이 곁에 있었으면
둘이서 바깥으로 나가
바깥바람을 쐬고 다니며
어느 음식점으로 들어가
뭐든 먹고 있었을 텐데

너무 더워서
에어컨을 켜 놓고
혼자 우두커니 앉아 있으려니
공연히 슬퍼지는 마음

당신은 지금 어디서
무얼 하고 있을까?
약을 먹고 잠들었을까?
동물프로그램 TV를 보고 있을까?
아니면 나를 보고파하고 있을까?

당신이 곁에 있었으면
집에서 냉커피를 타서

마시기도 하는 여름을 보내고 있었을 텐데

그럴 수 있는 날이

우리에게 다시 오기는 할까요?

당신과 함께했던 모든 흔적들이

너무도 그립습니다

퇴원하면

당신을 기다리고 있는
내 마음속의 날씨는
뜨거운 한여름 날씨와는 달리
낙엽이 빗방울처럼 떨어지고

당신에게서
아무런 연락이 없는 건
아직 병원에서
치료받고 있어서
그래서 아닐까도 싶은데

내 마음속의 날씨는
잔뜩 흐려 있어서
비도 내렸다가
눈도 내렸다가
하루에도 몇 번씩
변덕이 심하니

당신이 퇴원하면

연락이 올 거라는
작은 기대감을 붙들고
당신 기다리는 마음
또 하루를 허전하게 보냅니다

자전거를 타면

자전거를 타면
집에서 회사까지 10분도 안 걸리는데
비 오는 날에는 우산 쓰고 걸어가고
내 일거수일투족을 다 아는 그 사람이
떠난 지도 석 달이 다 되어 가고 있네요

아무런 연락도 없고
연락도 할 수 없고
엊저녁에는 삼겹살을 사다가
구워 먹는데 그 사람이 좋아하는
파절이도 있어 울컥해지네요

소주 두 병을 비우고
축구를 봤는데
축구도 둘이 보다가
혼자 보려니 흥도 안 나고
축구도 비껴 버리고
거나해져서 자고 일어나 보니
새벽 3시를 넘고 있는 시간

둘이었다가

홀로 된다는 것

삶이 너무 외롭고 쓸쓸한 것이

삶을 슬프게 하는 거 같아요

둘이 늘 붙어 다니다가

혼자 다니려고 하니

걷기도 힘든 거 같고요

잠을 깬 새벽에

밤새 직장 후배와 술을 퍼마시고
술기운에 거실 바닥에 누워 잠들었던지
몸이 추워 일어나 보니
밤새 에어컨을 켜 놓고 잠든 모양인지
잠을 깬 새벽

때 이른 귀뚜라미 울음소리가
혼자 남은 새벽을 구슬프게 노래 부르고
나는 혼자라는 걸 절감하며
에어컨을 끄고 문들을 다 열었습니다

술이 덜 깬 취기가
머리를 두드리고 있는 시간은
4시를 넘어서고 있고
당신이 없다는 느낌이
허전을 파악하고 멍해지는 고요

당신이 곁에 없는 날부터
날마다 퍼마신 술

당신이 떠난 현실을 인정하고
술도 그만 마셔야 하는데
모든 몸부림이 혼란스럽기만 합니다

언제 오려나

언제 오려나
당신이 타고 다니던
52번 버스, 승강장에도 나가 보고
집 앞을 서성여도 보고

언제 오려나
집에 오는 길에
집을 잃고 어딘가를
헤매고 있진 않을지

어딘지도 모를 곳에서
내 이름 부르며
울고 있지는 않을지

단칼에 자를 수 있는
우리 둘의 인연이었다면
차라리 아니 기다릴 텐데

누구보다도

당신이 나를 알고
나도 당신을 아는데
아무래도 당신이
아직도 병원에 있는 것 같아

퇴원도 못 하고
한창 치료받고 있어서
전화도 못 하고
있는 것만 같네요

자꾸만 눈물이 나네요

퇴근한 저녁. 혼자 먹어야 하는
참치, 김치찌개를 끓여
소주 한 병을 비우는데
자꾸만 눈물이 나네요

뭐든 내가 해 주는 음식이면
맛있게 잘 먹어 주었던
당신은 어딜 갔기에
나만이 혼자 남겨졌는지
나도 모르게 눈물이 쏟아지네요

혼자서 진종일을
나의 퇴근을 기다렸을
당신이 없다는 게 실감이 나지 않아
허전함에 눈물이 나네요

당신을 너무도 외롭게 했구나! 하는
정작 난 퇴근길에
직장 동료들과 술을 마시러 다니는 동안

텅 빈 방에서 나를 기다리며

외로움과 쓸쓸함이 지치도록

남몰래 울었을 당신을 생각하면

자꾸만 눈물이 쏟아지네요

쌀을 사 오던 날

퇴근길에
그 사람과 함께 다녔던
마트에 들러 10kg짜리 쌀을 샀습니다

그 사람과 함께 먹으면
한 달을 먹겠지만
나 혼자 먹으면
두 달이 걸릴지도 모를 분량 10kg

쌀을 뜯어 쌀통을 채우는데
그 사람과 마트에 들러
쌀과 생필품들을 한가득 사오던 생각이 나
가슴이 아려 왔습니다

둘의 분량이 아닌
이제 혼자 분량의 컵에
쌀을 퍼 담아 쌀을 씻어
전기밥솥에 안치고 나면
혼자 먹어야 하는 밥

그 사람을 생각한다고 해서
그 사람이 돌아올 것도 아닌데
혼자 남은 현실이 슬퍼졌습니다

금방이라도

금방이라도 내 이름 부르며
들이닥칠 것만 같은 당신
문밖에서 무슨 소리만 들려도
나가 보게 되는 내 행동

자다가도 "자기야, 나 왔어." 하고
당신이 부르는 것 같아
벌떡 일어나게 되는
나 어떡하지요?

당신이 갑자기
찾아올까 봐
거실 전깃불도 끄지 않고
밤마다 불면증에 시달리다 잠들기 일쑤

일산에서
전철 첫차를 타고
금방이라도 올까 봐

자다가도 몇 번씩 깨게 되는
나 어떻게 하면 좋을까요?!

중고 노트북을 사던 날

글이라도 써야지
외로움을 견딜 것 같아
컴퓨터도 모르면서
중고 노트북을 샀습니다

독수리 타법으로
글을 치고 있는 서툰 손짓이
어수선한 감각기관을
간지럽히기를 반복

한참 늦었지만
서툰 손가락을 놀리면서라도
컴퓨터에 익숙해져야 하는
나 자신과의 고독한 싸움

뭐든 배우지 않으면
아무것도 할 수가 없는 거고
뇌도 숨을 쉬게 해 줘야 되니
허기가 지는 나 자신과의 고독한 싸움

새벽보다 더 부지런한 몸만들기는
중년 들어 다시 시작인 거
밝은 아침을 맞이하기 위한
몸부림이라고 채찍질을 하고 있습니다

혹여라도

혹여라도
당신이 찾아올지도 몰라
이제 눈물을 거두고
열심히 일하며 살겠나니

혹여라도
당신이 건강한 모습 되찾아
날 찾아왔을 땐
당신의 눈높이에
나를 맞추겠나니

나를 위해서라도
중심을 다잡고
일상을 회복하고
열심히 사는 모습을
당신도 원하고 있을 테니

혹여라도
당신 찾아올지도 몰라

나 당신과 함께 살아온

지금의 이 집에서

이사도 안 가고

기다리고 또 기다리고 있네요

당신이 곁에 없지만

당신이 비록 곁에 없지만
당신이 곁에 있는 것처럼
출근을 서두르게 되는
또 한 주의 시작 월요일

작업복으로 갈아입고
곁에 없는 당신을 생각하며
오늘은 연락이 올까?
혼자 나에게 묻고 있지만
나도 모를 당신의 마음

당신이 곁에 없어도
당신이 금방이라도
돌아올 것만 같아
당신을 기다리는 마음
일하면서도 당신의 연락을
기다리게 되는 나날

당신이 곁에 없지만

잠깐 당신과 내가
서로에 대한 시간을 갖고
쉼표 기간을 호흡하고 있는 거라고
지금 당장은 어떤 단정도 할 수 없는
우리 둘의 관계라 금방이라도 내 이름 부르며
출입문을 열고 들이닥칠 것도 같아
퇴근을 서두르는 자전거를 탄 거친 심장 소리

밤은 또다시 찾아오고

여름휴가를 받았지만
혼자 보내야 하는 휴가
방구석을 뒹굴다가
막상 집을 나섰지만
마땅히 갈 곳도 없습니다

뜨거운 뙤약볕을 쏘이며
걷고 또 걸어도
당신 그리움은
온몸을 땀으로 흠뻑 적셔
지칠 때까지 걷고 또 걷는 발길

아무리 기다려도
오지를 않고 있는
당신 기다림 속에
혼자 휴가를 보내고 있는
길거리의 배회

어느새

낮이 지나가고

밤이 또다시 찾아오고

나는 홀로

또 술집을 찾았습니다

불면증

당신의 빈자리가
오늘따라 더 크게만 느껴져
잠도 안 오고
당신 그리움에
컴퓨터 앞에 앉았습니다

맨날 술에 젖어
밤마다 술기운으로
잠깐 잠들었다가도
깨고 나면
뜬눈으로 날을 새우는
나날이 잦은 요즘

당신 없는
5일간의 여름휴가도 끝나고
아침 되면 출근을 해야 되는데
잠이 오질 않으니
일을 나갈 수 있을지
정신이 몽롱합니다

그냥 당신이

안방에서 자고 있다고

생각하고

평상시처럼 자면 되는데

혼자에 익숙해지려면

아직은 시간이 더 지나가야

되는 일인가 봅니다

오늘 밤도

당신이 곁에 있다가 없다 보니
밤마다 불면증이 생겨서
피곤해서 하품이 나오는데도
잠을 못 자는 날이 많아졌는데
당신은 오늘도 감감무소식

출근해서 일은 하고 있지만
마음이 편하지가 않아
가슴은 답답하고
기분이 우울해서
일하기 싫다는 생각만 들어

당신이 너무 불쌍한 생각에
곁에 있을 때
당신이 아파하고 있을 때
나는 아무것도 모르고 무관심했으니
당신이 얼마나 고통스러웠을까! 하는
가슴이 너무 아프고 괴로워

나는 이렇게
당신에게 잘못한 것만
되돌아보면서
후회하고 또 후회하면서
당신이 어디에 있는지도 모른 채
하루하루를 살고 있는데
당신은 정녕 어디에 있는 거요?

오늘 밤도
뜬눈으로 밤을 보내고
아침이 오면
일하러 나가게 될 것 같습니다

소주 두 병을 비웠음에도

이틀을 쉬면서, 졸리면 자고
깨면 또 자고
밤이 되어 깊어 가는데
밤만 되면 잠을 못 자니

술을 마시지 않고선
당신에 대한 기억을
망각시키지 않고선
잠을 잘 수가 없으니

소주 두 병을 비웠음에도
잠이 오질 않는 허무감은
나를 붙들고 밤새 울 모양입니다

자야 아침에
일을 나갈 수 있을 건데
벌써 시간은 새벽 2시

차라리

술에 흠뻑 취해서

세상모르게 자고 싶지만

일으 해야지 먹고 살 수가 있는 몸

시를 쓰다가 보면

이내 아침이 오겠지요

출퇴근이 멀었어도

당신을 만나 살림을 합치고
다니던 직장에서 잘리고
**기계 사모님과 약속 잡고
당신과 함께 사모님 만나러 가서
**기계 입사하게 되고
**기계 다니게 되면서
출퇴근길이 멀어진 일상

고양시 관산동에서 서울 신도림까지
버스 타고, 전철 타고
전철 또 두 번 더 갈아타고
출퇴근 시간만 서너 시간

내가 퇴근할 때쯤 당신에게 전화하면
중간쯤 불광동 먹자골목에서 만나
독도쭈꾸미 집에 들어가
쭈꾸미 볶음에다 소주도 한 잔
함께 버스 타고 관산동 집으로 퇴근

먼 거리를 출퇴근하며 다녔어도
당신이 기다리고 있다는 생각에
힘든지도 모르고 열심히 살았는데

관산동에는 시장도 없어서
내가 쉬는 날이면 택시를 타든지
버스를 타고, 원당시장을 가야지
반찬을 사 올 수가 있어서
겸사겸사 데이트도 많이 했었는데
우리가 어쩌다가 이렇게
이별이 아닌 이별을 하게 되었을까요?

고양시에서 4년, 부천으로 이사 와서 5년을 살면서
당신이 아파서 무슨 약을 먹고 있는지
조현병이 뭔지 내가 어찌 알았겠어?
당신이 곁에 있었기에 신용도 회복할 수 있었는데
당신은 병이 재발해 연락마저 끊어져 버렸으니
그동안 고생시킨 것을 나더러 어쩌라고
나 어떻게 살라는 거요?

출퇴근이 멀었어도 당신이 기다리고 있었기에
당신을 사랑했기에 힘든지 모르고 견뎌 왔던 것처럼

당신과 함께 아름다운 황혼을 보내고 싶었는데
당신을 어떻게 잊고 살아가란 말이요
정녕 당신이 떠난 것이 맞는지요?

집에 나를 가두고

손목이 삐었는지
손목에 힘이 들어가지 않아
일을 나갈 수가 없어
사장님께 문자 넣고
사흘째 결근

내가 자꾸만 왜 이러는지
마음이 초조하고 불안합니다
이미 떠난 사람인데
그 사람. 못 잊고
아파하고 있는 후유증이
길어지고 있는 모양새라니

오늘부터는 결근 없이 살자고
꼭두새벽부터 다짐했는데
그 사람이 곁에 없는 날부터
술로 살아서인지
주변 사람들이 많이 말랐다고 합니다

아무래도 당분간은
집에 나를 가두고
시를 써야만 되겠습니다

당신과의 이별은 갑작스러웠지만

당신은 내가 싫어서도
내가 당신이 싫어서도 아닌 채로
당신과의 이별은 갑작스러웠지만

당신이 병원에 입원하고
모든 연락이 두절되었을 땐
눈앞이 캄캄하고
순간순간 가슴이 먹먹해져서
나도 모르게 흐르는 눈물을
밤마다 남모르게 흘려야 했지만
당신이 이제 곁에 없다는 것이
실감이 나니 어쩌랴!

엉망으로 망가진 생활의 패턴
일터를 옮기고 싶지만
다른 곳으로 이사도 가고 싶지만
아직은 그럴 때는 아니고
많은 생각의 세포들이 혼란스럽지만
나는 홀로서기 할 수밖에 없는

현실을 살게 되는 걸 어쩌랴!

자다 깨기를 반복하며
불면증에 시달리는 날이
얼마나 길게 이어지려는지
당신과의 이별이 갑작스럽기는 했지만
혼자 남겨진 외로움을 견뎌야지 어쩌랴!

적막한 나날

마음의 갈피를 못 잡고
밤마다 잠도 못 자고
무더운 계절을 술로 사는 동안
두 달이 지나가고 있습니다

당신에게선 아무런 소식도 없고
술에 찌든 채로 출근하고, 퇴근하고
많이 말라 가고 있는 내 모습
먹는 거라고는 밥과 김치뿐

삶이 허전하고
외롭다는 것에 지쳐
나를 힘겨워하고 있는
적막감이 피곤하고 졸립습니다

그래도 극복해야 되는 삶인지라
외다리로라도 나를 버티고 있는 삶

출근하면 일은 하게 되고

퇴근하면 시를 쓰게 되고
혼자에 익숙해 가는 숨이 거친 허기가
한여름의 고개를 넘고 있습니다

일산 호수공원에 가 볼까

지난해 여름. 당신 집 가까이에
호수공원이 있다기에
당신과 걸어서 그곳을 찾았더랬지요

아이들은 땅밑에 뚫어져 있는 여러 구멍으로
물줄기가 뿜어 나오는 곳에서
물놀이로 시원하게 젖어 신이 나 있었고

곳곳을 둘러보니 어른들은
그늘 밑에 돗자리들을 펴 놓고
도시락들을 나눠 먹거나
누워 잠들어 있는 오후 풍경이었지요

당신과도 한 자리를 잡고 마주 앉아
사 온 김밥과 컵라면과 음료수를 마시며
평화로운 더운 여름을 식혔더랬지요

일산 호수공원에 가 볼까?
그곳에 당신이 있을지도 모른다는

문득 그런 생각이 드는
일요일 오후네요

오늘이 말복이라는데

오늘이 말복이라는네
친구랑 삼계탕 먹자는
약속도 펑크가 나고

당신이 곁에 있었으면
둘이서 삼계탕 먹고 있을 시간에
나는 굶고 있으니

당신이 곁에 없으니
혼자서 뭘 먹으러
나가기도 머쓱하고

당신이 곁에 없으니
불편사항이
한두 가지가 아닙니다, 그려!

늦은 밤에

늦은 밤에
집안이 너무 더워서
집 밖을 나섰습니다

바람이 조용히 부는
공원 벤치에 앉아 있으니
당신과 함께 왔던 곳

온통 당신과 함께
거닐었던 골목골목
당신과 안 다녔던 곳이 없습니다

당신과 자주 다녔던 횟집
당신이 없으니
횟집도 갈 수가 없습니다

이 늦은 밤에
바깥을 나와 길을 걸어도
온통 당신과 함께한 흔적들뿐이니

오늘 밤도

잠이 들기가 힘들 거 같습니다

당신이 곁에 있는 것만으로도

잠을 잘 잤던 나였건만…

밤 9시가 넘은 시간

6시 퇴근하고
지친 몸으로 집에 들어왔는데
뜨거운 열기가 후끈거렸다

저녁밥 먹어야지 말하던
당신의 목소리는 들리지 않고
문들을 다 활짝 열어젖히고
선풍기 두 대를 강으로 틀어
땀에 흠뻑 젖어 버린 몸부터 식히고
열무 김치찜을 펄펄 끓였다

유난스럽게도 무더운 늦더위
당신이 없어서 그런지
더욱 힘든 것 같다

밥 한 숟가락 간신히
목구멍에 넘기고
TV를 켠 채로
잠들었다가 눈떠 보니

밤 9시가 넘은 시간
허전함이 적막한 밤으로
깊어 가고 있다

당신도 없는데

당신이 보이지 않는 세상살이
내 삶에 무엇이 남았을까요?

당신이 내 삶에서
가장 중요한 사람이었는데
소중한 당신을 잃어버린 이 도시
나를 찾아 어디든 떠나고 싶습니다

당신을 많이 사랑했기에
나를 견디면서 살려고
안간힘은 쓰고 있지만
나는 내가 살아 있는 이유가 뭔지
당신이 떠난 후에 많은 후회를 했습니다

당신도 없는데
당신과 맛있는 것도 먹을 수도 없고
당신과 함께 살아온 9년의 기억들을
내가 어찌 지우며 살아가야 할지
모든 것이 엉망으로 꼬인 회로만 같습니다

당신도 없는데
이 세상을 나 무슨 의미로
살아야 할까요?
당신 말고 누구를 사랑할 수가 있을까요?

혼자 남은 이 도시 부천
날이면 날마다 술독에 빠져
당신을 잃고 비틀거리며 살아가고 있는
내가 미워서 미칠 것만 같습니다

제 2부

울지 않으려고 하는데

누굴 탓하리오

당신이 곁에 있을 때
당신이 얼마나
소중한 사람인지
모르고 살았으니
누굴 탓하리오

당신이 내 곁을 떠난 후에야
당신과 함께 있을 때
당신이 곁에 있어서 내가
빛날 수가 있었던 것을
누굴 탓하리오

당신을 처음 만났을 때처럼
당신을 사랑하고, 아껴 줬더라면
당신의 건강이 다시 나빠지진 않았을 텐데
누굴 탓하리오

사랑보다 정이 더 질긴 것을
당신이 내 유일한 식구였는데

당신과 함께 살아온

지난 9년 세월이 무색해져 버린

오늘의 나의 주소를

누굴 탓하리오

다 내 잘못이 커서

다 내 죄인 것을

다 내 탓이었던 것을

장대비가 내리는 아침

푹푹 찌는 한증막 더위가
한 달 가까이 이어지더니
태풍 종다리가 몰고 온 영향 때문일까,
장대비가 내리는 아침

쏟아지는 빗소리를 들으니
가슴까지 시원해지는 느낌입니다
오늘은 자전거를 타고
출근하지는 못할 거 같습니다

간밤에 동네 한 바퀴를 돌면서
간간이 부는 바람을 맞으며
당신을 마중 나오기라도 한 듯
둘이서 거닐던 곳들을 돌아보았습니다

둥근 달이 하늘에 떠있기에
당신이 건강한 모습으로
돌아와 주기를 소원 빌며
시낭송 선율이 흐르는 발길을 타고

터벅터벅 늦은 밤을 걸어
집으로 들어왔습니다

외롭다는 것이
사람을 쓸쓸한 바보로 만들고
우울하게 하는 거구나!

집 밖을 나서면

집 밖을 나서면
술을 마실 거 같아
시장만 다녀와서 사 온 반찬으로
밥상을 차려 점심을 먹었습니다

집 청소를 해야 되는데
그 사람이 남기고 간
몇 가지 물건들이 눈에 띄어
마음이 울적해졌습니다

혼자서 화장실 가는 것도
쉽지 않은 일이라
화장실 바닥에 넘어지기도 했던 사람
혼자 집에 남겨 두기가 불안했던 사람

밤에 잠자다가도
어디에 부딪쳐 멍이나 들지 않을지
그 사람을 지켜봐야 했고
출근해서 일하면서도 불안했던 사람

바퀴 달린 의료기가
나를 쳐다보고 있는 듯
방 한구석에 널브러져 있는 것이
가슴을 아프게 하고 있네요

퇴원을 했다면
혼자서 지내고 있을 텐데
잘 걷고 있는지
밥은 잘 챙겨 먹고는 있는지
걱정이 많이 됩니다

약만 잘 챙겨 먹어도
괜찮다는 병. 조현병
그 병을 앓고 있는 사람이기에
혼자 지내는 것이 불안한
그 사람이 혼자 지내고 있을까,
가슴이 너무 아픕니다

기다림

기다리지 말아야 할
아무런 기약도 없는
아무런 소식도 모르는
기다림의 시간은
자꾸만 흘러가고 있고

새벽마다 분주하게
도시락 준비를 하느라
전기밥솥에 쌀을 씻어 안치고 나니
나도 모르게 흐르는 눈물

당신이
무슨 약을 먹고 있는지
무얼 아파하고 있는지
늘 바쁘게 일하느라 무관심
무뚝뚝한 얼굴로
당신에게 차갑게만 굴었던
칼 같았던 언행들이
이제 내 가슴을 도리고 있습니다

많이 아파서
병원에 입원한다 했는데
퇴원은 했는지
모든 소식이 부재중 상태이니
당신을 기다려야 하는 건지

도무지 헛갈리는 심사
고독조차 무거운 괴로움이
내 삶에 거세게 파도치고 있습니다

자는 거도 힘든 요즘

출근 준비를 서둘러 마치고
졸린 눈을 잠시 감고서
한 생각에 잠겨 보는 침묵의 시간
당신에게선 아무런 연락도 오지 않고

일 나가면 진종일을 무거운 쇳덩이를
빙글빙글 돌려 가며 코일을 쇳덩이 구멍 안에다
회로를 맞춰 집어넣는 작업을 반복하는
내 직업은 모터 코일 권선공

이 일을 해 온 지도 어느새 30여 년이라니
회사에 출근하고 나면 진종일을 기계 소리와
망치질 소리에 귀가 시끄러운
현장 일에 시달려야 되는 삶

퇴근을 하면
귀가 아프고, 머리는 떵하고
사는 게 뭔지
자는 거도 힘든 요즘

당신도 없는 집에서
혼자 보내야 하는 밤
내 인생 참 허기가 지누나!

벌써 저녁밥 먹을 시간인가

바깥은 아직도 해가 뜨겁게 밝은데
시곗바늘은 6시를 넘어가고 있으니
벌써 저녁밥 먹을 시간인가

시장 가서 낙지나 사다가
낙지볶음을 해서
소주나 한잔 마실까,
둘이 있다가 혼자 남으니까
허전하고 쓸쓸도 하다

밥통에 해 놓은 밥은 있고
진종일 집구석에 틀어박혀 있었더니
현기증도 나고
시장을 좀 갔다 와야 되겠다

둘이 함께 다녔던 시장
모자 눌러쓰고
이제 혼자 가야 하는 시장
혼자 먹는 밥과 술

진종일을 굶어선지 배는 고프고
뭘 먹긴 먹어야 되겠는데
입맛이 쓰구나

한 주가 시작된 거 같은데

한 주가 시작된 거 같은데
월요일이 금방 지나고
벌써 토요일 아침

당신의 빈자리를 느끼며
허전함을 견뎌 온 지도
3개월로 접어든 상태

여전히 당신에게선
아무런 연락도 없고
시간은 자꾸만 흘러
여름이 시작되기 전
당신이 병원으로 갔는데
벌써 여름의 끝자락

당신의 빈자리를
가슴앓이로 보내고 있는
쓸쓸함은 어느새 가을을
코앞에 두고 있네요

언제까지

당신이 너무 보고픈 그리움이
당신의 이름을 부르고 있지만
당신은 아무런 대꾸도 하지 않고

진작에 장마가 끝났어야 하는데
태풍으로 인해 올해 장마가 길게 이어지고
왠지 내 아픔 알기라도 하듯이
빗방울이 요란하게 쏟아지고 있습니다

위장약을 먹고 있으면서도
쓰디쓴 소주에 쓸쓸함을 기댄 채
비틀비틀 또 하루를
견디고 살아 있습니다

당신과 함께 보낸 9년의 모든 추억이
기억들이 도무지 잊히지가 않아
미련스러운 바보가 된 기분입니다

언제까지 당신과의 연줄을

끊지 못하고 살게 될지는
나도 모르겠네요

울지 않으려고 하는데

혼자에 익숙해 살아야 된다고
술도 줄여야 된다고
당신을 마음속에서 비워야 된다고
하루에도 몇 번씩이나 되뇌어 보지만
당신이 비워지지가 않아
술에 취해야 잠을 잘 수가 있고
먹는 음식마다 짜고, 쓰고
당신이 없으니까, 당신과 함께 다녔던 곳들이
자꾸만 생각이 나서
혼자라는 것이 참 견디기가 힘이 드네요

당신과 여행 한 번도 가 보지도 못했고
사진 한 장 찍은 것도 없고
지난 9년 동안 당신한테 난 뭐였을까?
늘 아프다며 약으로 살아야 했던 당신

늘 일에 짓눌린 채
살림살이가 나아지는 것도 없이
간신히 먹고살기에만 급급했던 내 모습들

돌아보면 당신에게

당신에게 많이 잘못하고 살았다는 것에

당신의 마음이 어떠했을지

울지 않으려 하는데

당신을 고생만 시킨 것 같아서

눈물이 자꾸만 나니

나 어떻게 하면 좋을까? 너무 아파

밤마다 나도 모르게 눈물을 훔치며 울고 있네요

아직도 캄캄한 밤

자다가 깨고 나면
더는 잠들지 못하고
아직도 캄캄한 밤

세상은 고요하고
귀뚜라미 울음소리는
구슬퍼라 내 가슴을 울리는 밤

집 밖에 동네를
한 바퀴 돌다 올까,
그 사람 잊히지 않아 고독한 밤

얼마나 더 불면증에 시달리며
그 사람 없는 빈자리를 견뎌야
그 사람이 잊힐 건지

이 마음 캄캄한 밤
이미 떠난 옛사랑을
잊지를 못해서 외로운 밤

누군가에게 마음 들킬까 봐
숨어서 홀로 울고 있는
생활이 꼴이 아니로다

빨리 8월이 가고

푹푹 찌는 무더위가
20일을 넘고 있는 가운데
밤마다 열대야 때문에
에어컨을 아니 켤 수도 없으니
전기요금이 걱정되는데
당신은 이 더운 날씨를
어찌 견디고 있소?

주엽역점 그랜드 백화점 옆에 있는
정자나무 그늘 아래 나와
무더위를 식히고 있을 것만 같은데
그 주변에 있는 커피숍에서
냉커피를 마시고 있으려나

언제까지 더울지
기상청도 잘 모르겠다고 하는데
일본에서는 태풍에 폭우에 지진까지
많은 사람들이 죽을지도 모른다는데
당신은 이 여름을

어떻게 견디고 있는 건지요?

빨리 8월이 가고
9월이 왔으면 좋겠다 싶은데
열대야만 없어도
좋겠다 싶은 불면의 밤
잠은 오지 않고
모든 것이 숨이 답답하고
당신이 없으니 모든 게 불편하네요

일하면 안 되는 몸인데

당신의 병에 대해 알아보니
3개월쯤 병원에 입원해서
약물치료를 받으면서
여러 가지 치료를 받아야 한다는데
아직도 병원에 있는 건가?

당신이 이모한테서
몇 년간 가져다 준 옷들을 입고
신발들도 신고 다니면서
당신만 생각하면
당신이 너무 불쌍하고 애처로워
가슴이 미어지는 게
나도 모르게 울컥해지는데
아직도 병원에서 치료 중인가요?

사시사철 계절이 바뀔 때마다
이모한테 옷들을 가져다줬기에
옷을 사 입지 않아도 될 만큼
많아진 옷들을 보면

내가 무슨 생각이 들지
당신은 정작 모르는 건가요?

당신과 함께 살면서
넉넉하게 용돈도 못 줬는데
많이 후회가 되네요

일하면 안 되는 몸인데
퇴원해서
이모랑 옷장사 하고 있지나 않을지
당신이 많이 걱정도 되고
당신이 많이 보고도 싶네요

나의 수리 기간 1년

당신이 곁에 있을 때
당신이 내게 어떤 사람인지
모른 채 살아만 왔던
내 문제점들이 눈에 확 들어오기에
나를 반성하고
나를 자책하면서
하루하루를 살아가고 있나니

착하고도 아름다운 당신
당신을 내 어찌 잊으리오
나를 괴로워하며
내가 철부지였음을
이제야 절실히 깨닫고 있나니

나는 수리되어야 하는 사람
고칠 부분이 한두 군데가 아닌 상태
나 스스로 나를 고치기 위해
당신과 떨어져 있는
혼자 된 시간을 틈타

고통스럽게 나를 수리하고 있나니

지금의 나날을 계기로
나는 스스로 많이 달라져야 함을
스스로 잘 알고 있기에
나의 수리 기간은 1년

많이 외로울 것 같네요

말복이 지나 처서가 왔는데도
폭염은 가시지 않고
더워도 너무 더운 날씨

다행히도 얌전히 지나간 태풍
언제까지 폭염이 이어질지
예측이 어렵다는 기상청 일기예보

9월이 오면
날씨가 선선해질까?
9월 달력에 추석도 끼어 있는데

당신에게선 아무런 소식도 없고
올해 추석 명절에는
아무래도 혼자 보내게 될 것 같네요

가을이 오면
태풍도 한두 개쯤 지나갈 거고
이내 겨울도 닥칠 텐데

혼자 보낼 생각을 하니
많이 외로울 것 같네요

잠에서 깨어나 보면

어둠이 긴 터널만 같은 시간
숨 가쁘게 답답한 길을 걷고 있는
울적한 마음의 끝은 어디일까?
그 사람이 떠나간 후로
방탕한 삶을 살고 있는 내 인생은
그 사람을 잊어야 한다는 걸 알면서도
순간순간 그 사람이 보고파지면
울컥해져서 눈물이 나오는 감정

그 사람이 떠나간 현실을
머리로는 받아들이고 있으면서도
가슴으로는 받아들여지지 않아
온몸으로 느껴지는 허전함은
새벽마다 잠에서 깬다

쉬이 잊히지 않는 그 사람의 흔적
울지 말아야지. 하면서도
나도 모르게 울고 있는 깊은 밤의 고독
나 지금 꿈을 꾸고 있는 걸까?

그 사람이 곁에 없다는 것이
도무지 믿어지지 않는다

잠에서 깨어나 보면
세상이 어둠 속이고
그 사람은 없고
혼자 된 것이 현실로 느껴지는데
이 어둠의 터널은 언제쯤 끝날지
가을이 오고 있는 계절이 너무 쓸쓸하다

당신을 잊어야만 되는 건가요?

당신에게선 아무런 소식도 없고
또 하루해가 넘어가고 있는 시간
오지도 않고 있는 당신을 기다리며
살아가는 것이 맞는 걸까요?

어디로 숨어 버렸는지
아무것도 알 수가 없는 나날 속에서
당신 연락만을 기다리고 있는
이 어두운 날들이
지금 나에게 무엇을 묻고 있는 걸까요?

이제 진짜 혼자가 된 건가요?
심장이 차갑게 얼고 있는 듯
입술이 시퍼렇게 죽어 가고
위장이 끊어지는 것만 같은 이 느낌은 뭘까요?

9년을 함께 살아온 지난 흔적들을
한꺼번에 어떻게 감당하라고
정녕 당신을 잊어야만 되는 건가요?

잊고 살아가다 보면

당신은 알지요
내가 몇 시에 일을 나가고
몇 시에 퇴근을 하는지를

내가 어디서 일하고
퇴근을 하면
술도 한 잔 마시고 한다는 것을

내 일거수일투족을
누구보다도 잘 알고 있는
당신이거늘

당신을 기다리며
잊고 살아가다 보면
당신이 어느 날 갑자기
돌아와 있을지도 모를 일

일을 하면서
잊고 살아가다 보면

어느 날 갑자기

당신이 연락해 올 지도 모를 일

하늘은 높아만 가고

모든 것이 꿈만 같았던 당신과의 동행
당신에게선 여전히 아무런 연락도 없지만
쉬이 지워지지 않는
당신의 빈자리를 느끼는 속에서
가을은 성큼 다가와 있고

추석을 코앞에 두고
오매불망 당신이 기다려지는데
당신이 아무래도 병원에서
퇴원을 안 한 것 같아
당신의 빈자리를 치울 수가 없으니

당신도 내가 보고 싶어도
연락도 못 하고 있는 것 같아
나는 그저 당신을 기다리고 있을 뿐이니

하늘은 높아만 가고
날씨가 많이 시원해지면
찾아올 수도 있을 거라는 마음

퇴근 시간마다 집으로 곧장 달려와 보지만
오늘도 당신에게선 아무런 연락도 없다

혼자라는 걸

당신이 떠났다는 것이
실감이 나는 느낌이
집안 온통 퍼져
혼자라는 걸
받아들이게 되는 쓸쓸함

더는 가슴 아픈 몸부림을 치며
엉망진창으로 살아선
안 되겠다는 생각만이
외로운 나를 채찍질하고 있다

중심을 잡아야 한다
떠난 사람은 떠난 사람
혼자에 익숙해져야 산다

괴로워하지도
아파하지도 말고
비틀거리지도 말고
혼자라는 걸 인정하고

살아가다 보면
서서히 잊힐 거다

억지로 잊히지 않는
당신과의 모든 기억 속에
나를 가둬 버린 채
혼자 남은 나를 삐딱하게만
살도록 디는 망가트려선 안 될 삶

아무런 기약도 없는
당신을 기다리는 것은
무의미한 미친 짓일지도 몰라

거듭나리라. 모든 것을 새롭게
나를 바꿔 가리라
혼자 남았다고
세상살이가 다 끝난 건 아닌 삶
벗어나야 하나니
당신은 이미 떠난 옛사랑
나는 나대로 현재의 진행형
새로운 사랑을 찾아 보리라

지난날을 덮고

그 사람이
내 곁을 떠나간 지도 다섯 달
삶이 쓸쓸해진 일상은
가슴앓이의 나날이었습니다

결근도 잦았고
술을 마시지 않으면
잠을 잘 수가 없는
괴로움은 나를 비틀거리게 했습니다

무엇으로도 채워지지 않는
공허한 마음은
내 가슴을 쥐어뜯게 하는
고통의 나날이었습니다

나를 바꾸지 않으면
안 되겠다 싶을 만큼
허튼 방황을 하며
나를 괴롭혀 온 지도 150여 일

허튼 생각

허튼 몸부림을 그만 멈추고

중심을 바로잡아야 할 시기

지난날들을 넘고

현실을 바로 인식하고

비틀거리는 나를 똑바로 걸어야 되겠습니다

가슴은 아프지만

당신과의 소통이 끊기고
당신의 모습도 보이지 않는 생활

퇴근하고 시장 갈 때마다
오늘은 뭘 해서 먹지,
내 발길이 쓸쓸한 상실감은
당신의 모습을 떠올리며
가슴을 아파하면서
마음을 자꾸 상처 내면서

가슴은 아프지만
어쩌겠어요
당신을 내 기억 속에서
조용히 닦아내는 수밖에요

그만 슬퍼하고 싶나니

너무도 아름답고 착한 당신을 몰라보고
어떻게든 나랑 다시 합치려고
당신은 안간힘을 다했던 건데
나는 가정을 소홀히 하고
당신을 혼자 기다리게 하고
바깥으로만 나돌았으니
당신에게 내 어찌 죄인이 아니리오

내가 바보였음을
당신이 내 곁을 떠나고 난 뒤에
나를 돌아보고 뒤늦게 가슴 치며
반성하고 있으니
미련한 내 존재가 어이 아니리오

그만 슬퍼하고 싶나니
더는 나를 괴롭히지 않으리니
이제라도 나를 방황하게 하는
비틀거림을 멈추고, 나를 위해서라도
정신 바짝 차려야 되겠나니

당신이 몸소 보여 준 큰 사랑이
헛되지 않았음을 위해서라도
나를 낮추고
내 지금의 자리를 묵묵히 지키며 살 테니
당신도 잘 살았으면 너무 고마울 것 같아요

잠을 많이 잔 아침

퇴근하고
초저녁부터 잠을 잤습니다
자고 일어나 보니
9시를 넘은 시간이었습니다

오늘은 아무 생각도 하지 않기로 하고
더 자고 깨어난 시간은
아침을 깨우는 새벽 5시를 넘은 시간

도시락 쌀 밥부터 안쳐 놓고
잠깐 공상에 잠겨 있노라니
느껴지는 선선해진 아침 공기

잠을 많이 잔 아침
컨디션도 나쁘지 않은 거 같습니다
그 무덥던 한여름도 다 갔는지
간밤에 에어컨을 켜지 않고
잠을 푹 잤으니 기분도 상쾌하고
즐거운 하루를 보내야 되겠습니다

백로도 지났는데

서리가 내린다는 백로도 지났는데
푹푹 찌는 무더위는 가시지도 않고
추석을 며칠을 앞두고도 열대야가 기승이니
올여름은 유별나게 길구나

마치 당신을 보내기가 아쉬워
당신을 보내지 못하고 있는
내 마음의 한구석처럼
뜨겁게 애타고 있는 듯 덥구나

미운 정. 고운 정
당신이 쉬이 잊히지 않는
이 여름날의 헤맴
당신도 어디선가 나를
쉬이 잊지 못하고 헤매고 있진 않을지

9월도 중순을 향해가는 달력 장
비가 올 때마다 기온은 떨어질 테고
이내 가을도 찾아올 터

거리마다 낙엽들이 뒹굴 터
아무런 소식도 없는 당신이
어찌 지내고 있는지도 모른 채
흘러만 가고 있는 날짜가 야속하기만 하구니

당신은 당신대로 혼자
나는 나대로 서로가 혼자가 된 채
외롭고도 쓸쓸한 가을을
보내야 하는 느낌이
싸늘하게 부는 바람 소리만 같구나!

정신 차려야 되겠지요

당신이 곁에 없으니
맨날 술에 젖어
자는 날이 늘어 가고
나를 망가지게 살고 있어요

회사 출근도 늦게 하고
이리 살아선 안 되는 줄 알면서도
비몽사몽 눈 뜨고 나면
술이 덜 깬 아침

쉬는 주 토요일
당신이 곁에 있을 땐
아르바이트도 다녔는데
당신이 곁에 없으니
쉬는 날에는 그냥 쉬게 되네요

모든 걸 내려놓고서
당신이 곁에 없는 허전함을
술로 달래며 살고 있는

이 비틀거림의 생활

아무래도 안 되겠네요
일주일에 한 번만
금요일에만 술 마시는 걸로
나를 다스려야만 될 것 같아요

당신이 곁에 없다고
맨날 술에 젖어
살아만 갈 수는 없는 노릇
정신 차려야 되겠지요

죽지도 못하겠으면 살아야지요

당신을 잊지도 못하고
죽지도 못하겠으면 살아야지요
당신이 보고 싶으면
보고 싶은 대로 살아야지요

당신이 곁에 없어도
아침 되면 일 나가고
저녁 되면 퇴근하고
허전한 대로 살아야지요

그저 시간에 맡기고
당신이 떠난 빈자리가
못 견디게 나를 아프게 해도
그냥 견디면서 살아야지요

어쩌겠어요
혼자가 되었으니
혼자서 시장도 가고
혼자서 음식점도 가고

그냥 나대로 살아야지요

혼자에 익숙해져 살다가 보면
그냥 살아지겠거니 하고
외로움을 견디면서 살다가 보면
당신과 보낸 시절도
조용히 나도 모르게 잊힐 테니

제 3부

그냥 좋은 생각만 하자

평온한 아침

어제는 일찍 잠자리에 들어
한 번도 깨지 않고 푹 잔 아침
당신에게선 아무런 소식이 없지만
허전한 마음을 술로만 채울 수 없어
평온하게 잠에서 깨어난 아침

오랜만에 불면증 없이
7시간 넘게 잠을 잔 것 같습니다
쉬는 일요일이다 보니
세탁기에 넣어 둔 빨랫감을 돌리고
당신이 곁에 있을 때처럼 평범한 휴일

오늘은 집안청소를 해야겠다
당신의 손길이 닿던 물건들이
나를 슬퍼지게 해도
더는 눈물짓지 않을 겁니다

지난 6월부터 지금 9월까지
당신의 물건들을 치우지 않고 있었지만

이제는 그 물건들을 치워야 되겠습니다
다른 곳으로 이사를 갈까도 싶었지만
이곳에서 당신을 기다릴 때까지 기다리다가
그래도 당신이 아무런 소식도 없이
오지도 않을 때 이사 가기로 마음먹어 봅니다

지난 3개월을 술로 살았지만
지금부터는 술도 줄이고
정신 차려서 일도 해야지
안 그러면 다가올 겨울에
내 모습이 너무 추해질 것도 같은 생각을 하니
생각만 해도 끔찍스럽습니다

그러니 항상 평온한 마음으로
아침을 시작하고
부지런한 몸으로 나를 다스려
나를 다시 태어나게 살아야 되겠다는 다짐이
뇌 신경을 자극하는 아침입니다

둥글게 살려는 노력을 해 보자

남의 허물은 눈에 잘 띄는데
내 허물은 눈에 잘 보이질 않는 것이
사람과 사람들 간의 시각 차이

누구나 내가 주인공인 세상이라는
넓은 무대에서의 제각각이 살아가는 모습은
자기중심적일 수밖에 없을 테니

자기중심적인 사람들의 문제점은
구성원들과의 공동체를 인정하지 않아
늘 대립하고, 갈등을 야기시키는 분열의 시점

어차피 집단구성원들 간에
아우러져 산다는 것은 갈등
나를 고집부리는 것에서 서로가 다투게 되는 법

자기중심적인 생각부터 고치지 않으면
그 누구와도 아우러질 수 없는
독불장군의 삶을 살아갈 수밖에 없는 일이니

둥글게 살려는 노력을 해 보자
세상이라는 큰 무대 위에는
나만이 주인공이 될 수가 없는 무대라는 걸
스스로가 절실히 깨달아야만 되나니

추석이 지나고 나서야

추석이 지나고 나서야 찾아온 가을

찬 바람이 불고 시원해졌습니다

토요일 오전 일을 마치고 퇴근길

회사 동료들과 삼겹살에 소주

술에 취해 들어온 집

아무도 없는 텅 빈 자취방

잠에서 깨어나 보니 아침

혼자 남겨진 느낌이

외로운 쓸쓸함을 껴안고 있습니다

일상으로 돌아와 맞은 일요일

창문을 넘어오는 귀뚜라미 울음소리가

가을이 왔다고 떠들고 있는 듯

세상이 온통 평온한 휴일입니다

밤이 낮보다 길어지고 있는

추분의 절기

날씨도 선선해지고

일하기 좋은 계절인 만큼
이제 작업복 차림의 몸이 되어야지요

결근 없는 일상
열심히 살아야 되겠어요

퇴근해서

퇴근해서
저녁을 먹는 둥 마는 둥
간단히 해결하고
한 4시간쯤 잤을까,
TV를 켜 놓고 잠들었던지
눈을 떠 보니 12시를 향해 가는 시간

술이 생각이 나지만
계속 술에 젖어
비틀거리며 살 수는 없는 일
정신 차려야 되겠다는 생각이
번쩍 불꽃을 튀기며 뇌 신경을 자극한다

그래, 가슴이 아픈 대로
중심을 잡고
일하면서 살아가다 보면
어떻게든 되겠지

어쩌면 당신이

안 돌아올 수도 있을 터
허전하면 허전한 대로
일은 하면서
혼자에 익숙해져 있다가 보면
이 힘든 시기도 지나갈 거야

당신이 떠난 후

늦은 봄. 당신이 떠난 후
여름이 가고, 가을이 왔고
나는 혼자서 살아가고 있습니다

못 견디게 괴롭고
우울한 가슴앓이는
나를 방황하게 했습니다

날마다 술을 마셔 댄
술독에 젖어 일을 해왔고
담배는 점점 늘어만 갔습니다

어느새 찬 바람이 불고
기온은 떨어져 추워지고
가을은 깊어만 가고 있습니다

이제 혼자서
외로움을 견디면서
살아야 하는 이 세상

다가올 겨울이
왠지 길 것만 같은
옆구리를 시리게 하는
추위기 느껴져 옵니다

당신을 지켜 주지 못해서

당신을 사랑하지 않아서
그게 아니에요
늘 당신에게 받기만 하고
정작 나는 준 것이 없고
당신이 뭣 때문에
힘들어하고 있는지도 모르고
일이 바쁘다는 핑계로 살아만 왔을
모든 게 미안한 때늦은 자책

당신은 몸이 아프면서도
온통 나만을 위해 뭐든 못 줘서
혼자 자신의 괴로움을 숨겨 왔을 생각을 하면
내가 그런 심중을 헤아리지도 못하고
내 주장만 내세웠을 행동들이
너무 가슴이 미어집니다

연약한 여자지만
누구보다도 강인하게
늘 내 편이 되어

나 몰래 자신의 현실을
낮춰 왔을 착한 당신

당신을 지켜 주지 못하고
당신을 보호해 주지 못한
무심한 죄가 너무도 크다는 것을
뒤늦게 알아 가고 있으니

당신한테
너무 잘못한 것들에 대한 형벌을
당신의 빈자리를 느끼며 받고 있나 봅니다

당신 지켜 주지 못해서
미안하고, 미안합니다

당신이 곁에 없는 채로

당신이 곁에 없는 채로
혼자 보내게 된 여름
8월 한 달을 술로 살았습니다

이제 9월 13일이면
내가 혼자 된 지도 석 달

아직 늦더위가
기승을 부리고는 있지만
아침저녁으로 제법 선선해진 날씨

가을이 오고 있습니다
올가을부터는
당신도 없이 보내야 하지만
그래도 여름보다는
시원한 가을이 낫지 않겠는지요
에어컨을 꺼도 될 테니까요

가을의 문턱에서

어느새 찬바람이 난
가을의 문턱에서
추석을 며칠 앞두고
올 명절에는 혼자 보내야 하는
마음을 추슬러 본다

결근하지 말자고 다짐했는데
이틀을 결근하고
술에 젖어 보낸 상심
밤마다 찾아오는 불면증이
또 뜬눈으로 아침으로 향하고 있는 시간

출근이 임박해 오고 있는 시계
후다닥 도시락을 싸 놓고
커피 한 잔을 타서
하루의 시작을 서둘고 있다

오늘부터는 마음을 다잡고
일터로 나가 일하면서

결근하지 않는 삶을
살아야만 되겠다는
굳은 결심을 다시 해 본다

멈추자

멈추지. 방탕한 삶을
일하며 살다가 보면 잊힐 거다
지금의 나날 아파도
더는 허락해선 안 될 방황

견디자. 견뎌 내야 한다
그 사람과 산 시절은 이미 지난 과거일 뿐
아파서 그 아픔 때문에 현재를 망쳐서는 안 된다

과거는 과거일 뿐. 현재에 충실하자
열심히 일하면서 살다가 보면
새로운 사람도 만나질 거다
당장은 그 사람이 잊히지 않아
그 사람의 빈자리가 나를 허전하게 하고는 있지만
냉정하게 판단해 보자면
차라리 잊는 것이 나을 수도 있는 사람

지난 과거에 얽매여 현재와 미래를 포기하고
일도 안 하고 사는 건 죽는 것보다 못한

아무 쓸모도 없는 삶이 될 뿐이다
중심을 못 잡고 현재를 살다가 보면
미래가 보이지 않는 거다

살자, 이미 떠난 사람 때문에
더는 나를 괴롭히지 말자

나 당신 없이도

나 당신 없이도
혼자서도 이 세상을
잘 살아갈 수 있을 거라고
생각했던 것이
너무나 잘못이었다는
자책하고 있는 혼자

당신이 눈에 안 보이고서야
당신의 의미가
내게 어떤 의미였던 건지
알아 가고 있자니
당신이 더욱 그리워지는
집안 곳곳이 싸늘합니다

당신이
우리 얼마간 떨어져 있자고
말을 하고 있을 때
알아채지 못하고
가슴을 치며

당신을 애타게 찾고 있는 꼴이라니

밤마다
초조하고 불안한
우울증을 견디다 못해
술을 마시게 되는 생활

당신이 없으니
점점 엉망진창으로
살아가고 있는
내 모습이 못나 보여서
이 방황 빨리 끝내고만 싶네요

시간에 맡기고

당신을 미워한 적은 없는데
당신이 받아들이길
당신을 미워하는 것처럼
내가 느껴진 것일까?

당신이 미워서가 아니라
항상 누워만 있고
낮잠을 자고 나면
밤마다 덜그럭거리며 돌아다니고
혼잣말로 누군가와 대화를 하고
퇴근해서 집에 오면
방 불도 안 켜 놓고 멍하니 앉아 있고
그래서 뭐라고 몇 마디 하면
잔소리한다며
자길 미워한다고 짜증

나는 미처 몰랐네
그런 이상행동이
조현병의 재발인 것을

마음속이 피멍이 든 채
자살까지 시도하는 것이
당신이 앓는 병이라는 걸

약을 잘 챙겨만 먹었어도
재발위험이 낮다던데
약만 잘 챙겨 줬어도
당신이 다시 병원으로
후송되는 일은 없었을 것을

시간에 맡기고
병원치료도 잘 받고
멀쩡한 몸과 정신을 돌려받아
그저 평범한 일상으로
돌아와 주기를 빌고 또 비나니
하늘이시여, 내 사랑 굽어살펴 주소서

괜찮아요

당신이 돌아오지 않더라도
혼자에 익숙해져 가는 과정이
아프고 힘들더라도
나 견디고 있나니

당신 소식이 궁금은 해도
당신에게서 연락이 없는 채로
나 허전함에 익숙해져
외로움도 견디고 있나니

괜찮아요
나는 괜찮으니까,
당신의 건강부터 챙기고
잘 지내기를 빌어요

당신을 사랑하면서도
당신을 챙기지 못했고
당신에게 많이 미안해요

괜찮아요
나 때문에 아파하지 말고
울지도 말고
나한테 아무것도 미안한 생각도 하지 말고
부디 건강하게 잘 살아 줬으면 해요

그냥 좋은 생각만 하자

상처를 지꾸 잡아 뜯는 짓
고통만 심해질 뿐이다
가을도 되었으니
고독을 즐겨 보자

그 사람을 마음속에서 덜어 내야
새로운 사랑을 채울 수 있는 거 아니겠나!
아무리 기다려도 연락이 없다는 건
그 사람도 힘겹게 나를 지워 가고 있을 터

그 사람이 돌아오려 했다면
진작에 돌아왔겠지
이제 되돌리고 싶어도
되돌릴 수 없는 그 사람과 보낸 모든 흔적들

그냥 좋은 생각만 하자
어쩌면 그 사람보다
더 좋은 여자를 만날 수도 있을 텐데
그 사람에 대한 마음 정리를 하고

그 사람한테 못한 만큼
새로운 인연을 만나게 되면
그 사람을 더 사랑해 주자

간밤에 비가 내렸나 봐요

간밤에 비가 내렸니 봐요
비가 올 때마다 기온도 떨어지겠지요
가을이 온 것 같기는 한데
여전히 고온 다습한 날씨

잠을 자도 잔 것 같지가 않고
자다가 깨면 새벽 두 시
당신이 떠나고 난 후로
잠을 통 못 자고 있네요

결근도 잦고
몸뚱이는 뭔가에 짓눌려 있는 듯
무겁기만 하네요

술 마시면 출근을
못 할 게 뻔하고
동네 한 바퀴를 돌다 왔어도
잠이 오지 않으니

아침이 서둘러 오고 있네요
기다리는 당신은 오지 않고

달라지고 싶나니

더는 망가진 생활로
나를 괴롭히며
살아갈 수는 없나니

그 어느 때보다도
정신을 바짝 차리지 않고선
폐인이 되고야 말 정신머리

달라지고 싶나니
부드럽고 따뜻한 사람으로
바뀌고 싶나니

초조해하지도 말고
불안해하지도 말고
망가져 있는 내 모습을 추슬러야 할 때

어딘가 나사가 빠진 거라면
어떤 부분에 나사가 빠져 있는 건지
제대로 찾아내서

새로운 나사로 교체하고
나를 고쳐야 할 때

달라지고 싶나니
누군가를 위해서가 아니더라도
나 자신을 위해서라도
나의 나쁜 버르장머리부터 진단하고
고칠 부분은 새로운 부품으로 갈아서
내 존재를 업데이트해야 하는
지금은 내 존재 수리 중

더는 기다리지 않을 테요

세상에 반은 여자
반은 남자라고는 하지만
당신만큼 착한 여자를
내가 어디서 또 만나겠어요

당신을 만나 9년을 사는 동안
나는 당신을 아껴 주지 못했고
사랑해 주지도 못했던
당신에게 어쩜 나쁜 남자였는지도 몰라요

당신과 사는 동안
당신은 내게 최선을 다했고
당신은 나한테만큼은
언제나 관대했었다는 걸
당신이 떠나고 없는 지금에서야
절실히 깨닫고 있어요

이제 당신을 기다리는 거
정말 그만 멈추려고요.

더는 나를 괴롭히며 살아선 안 되는 것이기에
결정을 빨리 내려야 되겠다 싶어
매일 술로 살 수는 없다 싶어서
당신을 이제 잊을 거예요

어리석은 기다림은 그만 멈추고
나를 바로잡기 위해서라도
당신을 잊을 거예요

더는 기다리지 않을 테요
새로운 여자를 만나고 싶네요

혼자에 익숙해져 살다가 보면

둘이 하나였다가 혼자가 되어
의지할 버팀목이 사라지긴 했어도
혼자에 익숙해져 살아야 되는 것도
세상살이의 일부분

떠난 사람은 떠난 사람대로
남은 사람은 남은 사람대로
둘이 쪼개져 혼자로 살아가는 것이
눈물겨운 일이기는 해도 어쩔 수 없는 일

이별의 아픔의 진통을 견디며
여러 날을 보내 왔지만
더는 이별의 아픔 속에 갇혀
눈물로만 살아갈 수는 없는 삶

외로운 삶을 끌어안고
어차피 이겨 내야 할 일들
자꾸만 비틀거리며 사는 것은
어리석은 삶의 나날일 뿐

상처를 가슴속에 삼키고
지난 일들은 그저 추억으로 남기고
새롭게 새로운 혼자에 길들여져야 되는
어차피 혼자 남은 세상
혼자서 힘차게 남은 생애를 살아 볼 테다
혼자에 익숙해져 살다가 보면
언젠가는 새로운 사랑도 만나지게 될 테니

나를 먼저

그 누굴 탓할 것도 없이
내 잘못이 많았기에
외로운 시간 속에서
나의 허물들을 벗겨 내야 하겠나니
쓸쓸해도 어쩔 수 없는 나날

그 누구도 내 편은 없나니
나 자신에게 냉정하자
냉정하게 나의 현실을 들여다보고
내가 어떤 사람으로 바뀌어야 할지를
고독한 시간을 보내며 찾아 봐야 되겠다

아주 형편없이 변해만 왔던
지난 내 모습과 성질들을
허물벗기를 해야 되겠나니
혼자 남겨진 공간 속에서 보내고 있나니
시간이 좀 걸리더라도
내가 누군지를 제대로 읽어 가고 있나니

나를 먼저 제대로 분석하고
매사에 차분하게 행동하는
중심을 잡아 가야 되겠나니
말부터 함부로 내뱉지 말고
그 누구를 다스리기보다는
나를 다스릴 줄 아는
어떤 자리에서도 경거망동해서는 안 될
나로 바꾸고 싶은 만큼
뭐든 겸허한 마음을 침묵으로
호흡을 평온하게 들이마시고
내뱉는 훈련을 해야 되겠다

현실이다

긍정만이
세상살이의
모든 해결책은
될 수 없나니

부딪쳐
싸울 땐 싸워야
해결책이
생기는 세상살이

너무 강해도
안 될 일이지만
너무 약해도
아무런 대책 없이
타인들에게 당하는
세상이 현실이다

현실은
당면 과제로

당장 풀어야 할
문제를 제시하는 법이라
뭐든 미루는
게으름에 대해선
게으른 죄를
결코 용서치 않는 것이
바로 현실이다

겨울을 재촉하는 비

가을이 소리 없이 찾아오더니
나뭇잎에 단풍이 서리기도 전에
낙엽 길을 걸어 보지도 못했는데
찬 비바람에 나뭇가지들이 금세 앙상해지고
날씨가 갑자기 쌀쌀해지고 있습니다

여름옷에서 가을옷으로 갈아입은 지
얼마 지나지도 않았는데
겨울옷으로 갈아입어야 할 만큼
성큼 다가와 있는 겨울

시월도 어느새 중순을 넘어
십일월로 향하고 있는 달력 장
두 장밖에 남지 않은 달력을 보자니
올해도 다 간 것 같습니다

겨울을 재촉하는 비와
짧은 가을을 보내기가 아쉬운
쓸쓸한 퇴근이 집으로 향하고 있습니다

제 4부

겨울이 가고 있는 길 위에서

반드시 올 겁니다

경기는 한밤중이고
서민들의 은행 빚은
등산 중을 헤매고 있고

물가는 온통 올라
저마다의 가정에
한숨이 끊일 날이 없을세라

환난으로 부는
삭풍의 칼바람은
거리거리 마당에
낙엽들을 뿌려 대는 풍경이오만

저마다의 살림살이
등골이 휘더라도
잡초처럼 일터를 견디며 살다 보면
서민. 우리네들 하늘에도
풍우설운 걷힐 날
반드시 올 겁니다

다시

시작은
언제나 끝이 없고
끝없는 곳에서
지난 발자취가
희미해지는
비틀거림도 잠시

쓰러진 곳에서부터
모든 것은 다시

처음부터 모든 것을
새롭게 시작하고 싶은
시작은 이미 출발점을 나섰고

인내만이 극복이고
극복만이 다시 나를 깨우는
살겠다는 몸부림이겠나니

다시

새로운 각오로
일터로 나서게 되는 몸부림
나는야, 노동자 목숨

이별은 누구에게나 닥치나니

남자와 여자가 서로가 만나
사랑을 시작하고, 둘이 하나가 되어
한 가정을 이루고 산다는 건
참 아름다운 일이기는 하지만
집값도 비싸고, 물가는 엄청 올라서
혼자 벌어서는 살아가기가 숨이 막히는 이 시대

남자와 여자가 결혼하여 한 가정을 이뤘더라도
경제적인 문제는 결혼 생활에 있어 가장 큰 갈등이다
아이를 낳아 성인으로 키울 때까지
들어가는 교육비는 감당이 버거울 만큼
이미 우리 사회에서 두고두고 풀어야 할 숙제니 말이다
아이를 안 낳고 사는 부부들이 많아질 수밖에 없으니
인구는 점점 줄어들고, 의학의 발달로 인해
고령 사회로 접어든 우리 사회는
점점 중국인들로 넘쳐 나고 있다

이 복잡한 사회에서
남자와 여자가 만나 서로를 사랑하고

행복하게 살기가 힘들어진 사회이다 보니
10년을 부부로 살다가도 이혼하는 돌싱들도 많아져서
외로운 마음의 병을 가진 사람들도 많이 생겨났다

이별은 누구에게나 닥치나니
그 이별의 아픔은 혼자 남은 이들의 몫이라
혼자 남은 현실을 빨리 받아들이는 것만이
마음의 병을 키우지 않는 방법이 아닐까, 싶다

용두사미

언제부터였는지도 모르게
없이 사는 모양새가
천박한 계급이 될 수밖에 없이
돈지랄이 판치고 있는 이 땅

세상 굴러가자는 데로
가진 자들의 세월은 가벼우나
가난한 이들의 세월은
나날이 배고픔이 고통일 터

가진 자들의 돈지랄 터널이
달갑지만은 않은 세상이오나
어쨌든 누구라 할 것도 없이
목숨수액이 다 닳고 나면
모두가 죽게 될 몸뚱이들

꼭, 용의 머리 되는 것만이
세상을 멋지게 사는 건 아닐진대
뱀의 꼬리로 산다고 할 손

제 모습에 당당한
진짜 사람답게 사는 사람들이
따뜻한 민심으로
많아졌으면 좋겠다 싶은 세상이로세

내일을 위해서는

오늘은 오늘로 끝난 시간
오늘 벌어진 일들은 잊고
내일을 위해서는 잠을 자야 한다

잠이 오지 않더라도
밤이 늦으면 자야지만
내일에 벌어질 일들을 견딜 수가 있나니

내일이 되면
오늘은 어제가 되어
이미 지난 일이 되는 과거일 뿐

내일을 위해서는
잠이 오지 않더라도
억지로라도 잠을 자야지만
내일의 일을 할 수 있는 거다

겨울이 오고

그 사람이 떠난 후
외로움이 견디기 힘든
겨울이 오고, 한 해가 저물었다
혼자 남은 이 겨울
마음이 허전하고
그 사람이 없어서인지
내 모든 생활이 지쳐 있다

많이 보고 싶고
많이 힘들기도 하고
몸이 자꾸 아파서
결근하는 날도 잦았던 나날들

이번 겨울은
유난히도 길게만 느껴져
봄이 먼 길만 같다

상처를 그만

둘이었다가 혼자 남겨진 길 위에서
어디로 가야만 되는지 갈피를 못 잡고
나를 방황으로 살게 비틀거려 온 지도 여러 달

이별의 가슴앓이는
너무도 잔인한 고통을 견뎌야 하는
상처 난 상처를 다시금 후벼 파는 일이었습니다

혼자 남겨진 허전한 공간 속에
나를 가두고 슬픈 눈물을 흘려 온 나날은
어둡고 긴 암흑의 터널만 같았습니다

사람들을 만나고 싶지 않지만
일을 안 하고 살 형편이 아닌 삶이라
침울한 표정으로 일터로 나서야 하는 감정은
하루하루 견디기가 쉽지만은 않은 나날

파도를 넘는 삶일지라도

삶이란 언제 거센 바람이 불고
언제 성난 파도가 칠지 모를
바다와 같은 거

언제 무슨 일이 닥칠지 모를
이 드넓은 바다 한복판에서
생계를 위한 몸부림만이 있을 뿐

삶의 바다를 누비는 항해는
목숨을 걸지 않으면 안 되는 일인 만큼
언제나 거친 곳이기에 매사 신중해야 되는 고행의 연속

조급하게 속도를 내어
물길을 타고 내달리다가는
언제 어떤 파도를 만나 나라는 배가 뒤집힐지
알 수가 없는 거

잠시라도 긴장을 늦춰서는 안 될
삶이라는 바다에서는

언제 무슨 사고가 터질지 모르는 일이기에
물길을 잘 다스릴 줄 알아야지
배의 속도만 낸다고 해서
파도를 박차고 나갈 수 있는 건 아닌 거

매 순간이 성난 파도를 넘는 삶일지라도
바다 한복판에서는
그 어느 누구도 믿어선 안 되는 전쟁터라
오직 살아남기 위한 몸부림만이 존재할 뿐
오늘도 삶의 바다는 내게 말하고 있는 것만 같구나!
냉혹하고 비정하게도…

심장 더욱 뜨겁게

가소서, 가 주소서
아픔과 슬픔 속에서
저 홀로 힘겨워하는
절망하는 몸부림 소리들은

활동적인 심장만이
시련을 극복할 수 있는
우리 모두의 원천이리니

저마다의 삶
지치면 지치는 대로
다 함께 땀 흘리는
몸부림이 되어 있어야 하겠나니

심장 더욱 뜨겁게
우리 모두가 하나의 몸짓
하나의 목소리일 때
우리라는 테두리 안에서
내 삶도 번영할 수가 있으리라

몹시도 추운 겨울을 보내고

지나간 옛사랑을 못 잊어서
혼자 남겨진 외로움을 견디지 못하고
비틀거리며 살아가는 동안
해가 바뀌고 삶이 추웠던 겨울

일터에 결근도 잦았고
엉망으로 망가진 채 살고 있는
슬픈 우울감은 살을 도리는 듯한
고통스런 한파였습니다

아무리 기다려도 오지 않는
한 여자가 남긴 흔적은
송두리째 내 삶을 흔들고 있었고
일하기도 싫은 몸으로 공장일을 하면서
퇴근길에는 술에 만취해 잠들어야 했습니다

날마다 싸늘하게 체온이 추운 겨울
날마다 불면증에 시달려 온 허무감
그 여자가 남기고 간 흔적은

내 삶에 피멍이 되어 아픈 눈물이었습니다

그렇게
몹시도 추운 겨울을 보내고
새로운 사랑을 만나게 되어
봄이 찾아오고 있는 계절
보랏빛 꿈을 꾸고 있는 듯
체온이 따뜻해지고 있습니다
차근차근 새로운 사랑의 간격을
좁혀 가고 싶습니다

세상은 누구나 힘든 곳

넘어져야 할 땐 넘어져야 하고
누구도 내 편이 없는 곳이
아플 땐 아파도 해야 하고
세상이라는 곳일지 몰라

혼자 살아가든
둘이 하나로 살아가든지
세상을 살아간다는 건
누구나 외롭고 쓸쓸한 삶

참고 견뎌 내지 않으면
아무 것도 이뤄 낼 수가 없는
매사가 조심스러운 발걸음이어야 하는
언제 어디서 돌부리에 차이게 될지
누구도 모르는 곳이 세상

세상은 누구나 힘든 곳
욱하는 성질대로 행동하고
스스로의 현실을 견디지 못하고

내 것이 아닌 것을 욕심부리는 속에서

스스로의 삶은 불행의 연속일 뿐이겠나니

모든 부분에 인내하는 자세만이 극복이 될 것이다

새로운 사랑을 찾을 테다

아픈 사랑을 치유하기 위해서라도
새로운 사람을 만나야 되겠다는
혼자에 익숙해 가고 있는
이 외로운 몸부림 소리를
어디선가 누군가는 듣고 있을 터

어떤 인연이 내 님이 될지
현재로선 아무것도 예측할 수가 없지만
세상살이 혼자서도 살아야 되겠지만
이제부터는 새로운 사랑을 찾아야 할 때

겨울의 문턱에서
고독과 불면증에 시달리는
새벽마다 바깥을 나돌아 다니는
쓸쓸함에 몸을 맡기고
혼자를 잘 견디고 싶나니

이 겨울에
작은 눈을 크게 뜨고

새로운 사랑을 찾을 테다

어디선가 나를 찾고 있을

새로운 사람을 찾아 볼 테다

불협화음의 무대

자기가 지니고 있는 악기도
잘 다루지 못하면서
남이 다루고 있는 악기마다
손놀림이 서툴다고 간섭

무조건 자기 장단에 맞춰
소리를 연주하라고
지적질 해 대는 요주의 인물들 속에
진짜 지휘자만 허수아비라

정작 어느 장단에 맞춰
노래 부르고
춤을 춰야 할지

그저 빈깡통 요동치는
고막만 따가운 소리가 싫어
홀로 노래 부르다 지친
가인들만이
그 무대를 등지고 있구나

도시를 덮고 있구나

비워야 할 것들이
뇌 안에 가득한 번민
숨 가쁘게 살아만 왔을 번민
가난한 발자취를 더듬어
고독을 외줄타기하는
침묵 사이로
한 모금 술잔이
목을 타고 흘러내립니다

스쳐 간 인연들과
아직 만나지 못한
새로운 인연들이
과거를 덮어 버리고
현재로 닥쳐올 미래를
어느 누군들 알 수가 있으랴마는

삶이란
어차피 모든 구성원들 사이에
갈등이 이어질 수밖에 없는

고단한 생사 오락 같은 것을

살림살이가 좀처럼 나아지질 않는
가난한 중년의 나의 가난
한시름 하루살이만 같은
공장살이의 나날은
오늘도 낯익은 듯 낯선
도시를 덮고 있구나

방황의 손을 뿌리치고

혼자 남겨진 허전함을 견딜 길 없어
지난 몇 개월을 술에 젖어
비틀거리는 모습으로
직장생활을 엉망으로 살았습니다

더는 허락해서는 안 되는
엉망진창의 생활
내 자신에게 냉정해져야 할 것 같습니다
아무리 화가 나는 일이 생겨도
화를 참고 웃어 보이는 얼굴

거칠고 사나운 언어들을
쓰레기통에 버리고
겸허한 마음으로 사람들과 아우러지는
직장의 내 자리로 복귀해서
나 스스로를 통제해야 되겠습니다

방황의 손을 뿌리치고
비틀거리지 않는 중심을 잡고

일을 할 땐 누구보다도 열정적으로
시를 쓸 땐 내가 일어나는 시를 쓰면서
님을 만났을 땐 님의 목소리에 귀 기울이며
새로운 나로 거듭나야 되겠습니다

꽃샘추위의 3월

진눈깨비가 휘날리고 있는 3월의 시작
살을 쥐어뜯는 것만 같은 바람이 불고 있지만
꽃샘추위가 출근길을 서두르려 하는 아침

3일간의 휴일을 보내고
새 출발을 하라는 봄이 오고 있나니
두꺼운 겨울옷을 벗고
가볍고 산뜻한 옷차림으로 갈아입을 봄

어둡고 슬펐던 일들은
가는 겨울 속에 실어 보내고
밝고 기분 좋은 생각으로
뇌를 깨끗하게 닦아야 되겠나니

떠나간 옛사랑은 잊을세라
다가와 간격을 좁혀야 할
새로운 사랑의 심장 소리에 귀 기울여
따뜻한 미소를 표정 그리며
아름다운 사랑의 노래를 부르고 싶을 뿐

님이여, 님이시여!
그대의 이름 부르며
그대에게 가고 있는
나의 심장 두근거리는 호흡 소리가 들리시거든
그대의 심장 뛰고 있나고
내게 하트 좀 날려 주시게

겨울이 가고 있는 길 위에서

혼자 남겨진 채로 겨울이 왔고
혼자 보내야 했던 겨울 내내 춥고
혼자 남겨진 허전함은
못 견디게 우울했습니다

3월을 코앞에 두고
지난해 봄의 끝에서
나를 떠나간 그 사람을
잠시 떠올려 봅니다

곁에 있을 때
너무도 많은 시행착오를 했기에
가슴을 치며
울어야 했던 후회

겨울이 가고 있는 길 위에서
혼자 남겨진 현실을 인정하고
이제 방황의 늪을 빠져나와
오고 있는 봄을 새출발하는 계기로

맞이해야 되겠습니다

생활습관부터 바꿔야 되는 몸
결근하지 않는 것부터
과소비하지 않는 절약으로
돈을 모아 갚을 것부터
속 시원하게 갚아야 될 빈곤

멈춰야 할 발걸음은 멈추고
극복해야 되는 현실적인 문제부터
풀어 가는 몸부림을 쳐야 되겠습니다

계절은 봄이 오고 있지만
내 삶의 현실은 아직 겨울인 만큼
각오를 달리하고
내 삶의 겨울을 끝내기 위한
온 몸부림을 다해
발바닥이 부리나케
살아야 할 것 같습니다

가슴 아픈 사랑은 그만

오지도 않는 사람을 기다리는 짓
아무런 연락도 없는 소식을 기다리는 짓
밤마다 가슴 치며 울부짖는다고
이미 떠난 사람은 돌아올 리 없나니
가슴 아픈 사랑은 그만

마음을 비우고 잊어야 할 사람
두 번 다시는 만날 수도 없는
이생의 인연을 두고 더는 미련 갖지 않으리니
이미 떠난 사람은 말이 없고
상처가 아물려면 시간은 좀 걸리겠지요

돌아올 사람이었다면 진작에 왔을 테고
연락할 거였다면 진작에 연락 왔을 터
앞으로 남아 있는 내 생애 속에서
어떤 인연이 사랑으로 찾아올지는
그 누구도 모를 일

가슴 아픈 사랑은 그만

인생은 쓸쓸하고 외로운 홀로
이 세상을 앞으로 얼마나 더 살지는 몰라도
어차피 나도 때가 되면 죽을 사람
늙어 갈 날만 남은 지금에 와서 생각해 보니
모든 것이 그저 허무하다 싶구나!

그렇다고 하더라도
죽는 날까지는 열심히 살아야 할 삶
아등바등 욕심부리며 살고 싶지는 않구나
누군가를 만나 사랑을 한다고 해도
가슴 아픈 사랑만은 그만하고 싶구나!

진짜 자유에 대해

그대와 나
우리 모두는
이 세상을 살아가는 데 있어
개체면서도
객체인 공동체 집단

오늘만의 일상을 탄주하고서
나만의 주민등록증 이익에만 묶여
내 정체성을 신문하는 괴로움을
우리 모두에게 전가해선 안 되나니

우리 모두가 잘되는
손과 손은 맞잡되
누군가를 입방아 찧는
험담과 모함에 가담치는 말지니

우리 모두는 공동체
그대와 내가
우리로 하여금

서로를 존중하는
참모습일 때
우리 모두는 서로에게서
진짜 자유를 만끽하며
저마다의 이익분배를 살아길 수 있으리라

막바지 이 추위를 견디면

막바지 이 추위를 견디면
따뜻한 새봄이 찾아올 하늘과 땅
두껍고 무거웠던 겨울옷을 벗고
가볍고 산뜻한 옷으로 갈아입을 때

아프고 슬퍼해야 했던
무거운 겨울옷 같았던 일들은
홀가분하게 벗어 버리고
모든 걸 새로운 마음으로 시작하고 싶나니

꽃피는 춘삼월에는
새로운 사랑을 하고 싶다
이미 떠나간 사랑은
다시는 돌아오지 않을 과거 속 사랑

봄이 오고 있듯이
어디선가 오고 있을
새로운 사랑을 위해서라도
새로운 사람으로 다시 태어나

새로운 사랑을 시작해 보렵니다

봄이 오고 있나니
이내 꽃들도 싹을 틔우겠나니
막바지 이 추위를 잘 건니고
모든 근심 걱정들도 겨울 속에 실어 보내고
가볍고 산뜻한 새봄의 옷으로
마음가짐을 갈아입고서
심장이 뜨겁게 뛰도록 열심히
이 세상을 살아가 보렵니다

만났습니다

만났습니다
처음 만남 그 순간부터
그대에게 반해 버린 눈

그대 말고는
아무도 안 보이는
온 세상이 향기로운
꽃비가 흩날리고 있네요

이 가슴
애가 타 미치도록
그대는 나의 전부가 되어
심장이 뜨겁게 뛰고 있네요

그대에게
눈이 멀어 버린
이 콩깍지를
정녕 어쩌면 좋을까요?!

인생 미로

죽어서 한 줌의 재가 되기까지
오늘의 가는 걸음걸음이
미로 속만 같음이라
어디로 불려 가고 있는지도 모른 채
낯익은 듯 낯선 쳇바퀴마냥
제자리를 맴돌고 있을 굴레

쉬엄쉬엄 가도 될 인생행보
뭐가 그리도 바쁘다고
몸 따로 마음 따로
내 곁에 소중한 사람들을
나 몰라라 하며 살고 있는지

도무지 알 수가 없는
미지의 세계처럼
자꾸만 변해 가고만 있는
세간의 모든 인연들이
혼란스런 세기

갈팡질팡하는 도돌이표만 같이
오늘도 어둔 미로 속을 헤매고는 있지만
작은 빛부터 찾아서
한걸음 한걸음 걷다가 보면
어둔 터널 바깥으로 나가는 길은 있을 테지요

사람 속에 나

수많은 사람들 저마다 살아가는 방식
다 같을 수 없이 뭉쳐져 짬뽕의 세상
도시는 사람과 사람 사이에 갈등의 연속

참는 연습을 지속해야 되는
심리적 고뇌를 파고드는
라이브 생중계 화면 그대로

모든 것이 자동화되어 가는 세상과는 달리
사람들의 감정은 점점 메말라 가고 있어
정신적으로나, 육체적으로나
다들 병들어 있을지도 모를 도시화의 삶

이렇듯 복잡하고 아리송한 세상 속에서
수많은 사람들 속의 나는
짬뽕으로 범벅된 무채색 감정이 아닌
나만의 감정의 색깔을 찾고 싶다

흑과 백의 논리대로의 시간을 따르기보다는

언제나 동심에 시간을 고정시키고
나대로의 색깔을 자유롭게
감정표현을 하며 살고 싶다

바람난 봄

겨울이가 떠나고
봄을 만난 바람
둘이 만나니
따스함이 새로운 세상

둘은 새싹을 틔우려고
연애를 하고 있습니다
이내 꽃비가 내리겠지요

꽃비가 내리는 날에는
나도 사랑하는 님을 만나
연애를 하고 싶습니다

봄을 만나 바람이 난
바람처럼 나도
새싹을 틔우고 싶습니다

새로운 세상을 갈망하며
새로운 사랑에 빠지고 싶습니다

세상이 온통 울긋불긋 채색되도록
아름답고 향기로운 사랑을
한 번 해 보고 싶습니다

새벽 아침에

한겨울이 가고 있습니다
너무도 쓸쓸했던 추위
술로 살아온 몇 개월
세상은 어둠에 지쳐
아침이 오지 않을 것만 같았습니다

겨울을 견디고 났으니
봄이 이내 오겠지요
봄이 오기 전에
부지런해져야 될 채비가
나의 잠을 깨우고 있습니다

그대를 생각하면서
외로움은 겨울 속에 실어
아주 먼 나라로 택배 보내고
그대와 행복해지고 싶습니다

새 세상을 위해 언제나 깨어 있는
새벽아침처럼 새로운 세상을

그대와 맞이할 수만 있다면
얼마나 좋을까요?
출근 전 새벽아침에 그대를 생각하면서

아침 일곱 시

아침 일곱 시
일곱 개의 무지개 색깔 중에
보라색이 더 빛나는
그대가 그리운 아침

그대는 잠에서 깨어났을까요?
아직 꿈나라를 비행 중일까요?
오늘은 도시락을 안 싸려구요
점심을 사 먹으려구요

그대를 보고파하면
외롭지만 외롭지 않은
보랏빛 나의 님
날씨가 포근해지고 있는 계절

우리 둘의 사랑 노래는
이미 연주를 시작한 거 같고
그대와의 간격을 좁히고 싶나니
우리 데이트는 언제 하지요?

그대와 사진도 찍고
밥도 먹고 싶어지니
심장이 설렘으로 뛰네요

일곱 색깔 무지개 중에
가장 눈이 부시게 빛나는 님
보랏빛 그대라면
그대 옆에 서 있는 것만으로도
나 또한 빛날 것 같아요

내가 많이많이 좋아하고 있는
심장 소리가 느낌 오나요?

그리운 아버지

봄바다
해풍에 검게 그을린
주름진 얼굴과
누룽지 같았던 손
늘 새벽보다도 더 부지런하셨던
아버지의 뱃고동 소리는
어이 들리지 않고
끼룩끼룩 갈매기들의
노랫소리만이
멀리서 내 귓전을 울리는가!

새만금 방파제를 때리고
부웅 속도를 높여
잡은 주꾸미 팔고서
비안도로 내달리던
아버지의 뱃고동 소리

나의 동심의 흔적이
고스란히 잠들어 있을

해 지는 노을 풍경이
니무도 아름다운 섬
옥도면 비안도

황금빛 물결 노을 따라
삼각파도를 타고
금방이라도 우리 가족들 곁으로
달려오실 것만 같은 아버지

그립습니다
아버지!